महर्षि रबींद्रनाथ टैगोर कृत

गीतांजलि

(कुछ कविताओं का हिंदी अनुवाद)

अनुवाद

सुरेंद्र कुमार गंभीर

वरिष्ठ अधिवक्ता, उच्चतम न्यायालय, (भारत)

विद्या विहार, नई दिल्ली

प्रकाशक : **विद्या विहार**
19, संत विहार (पहली मंजिल) गली नं. 2, अंसारी रोड, नई दिल्ली–110002
सर्वाधिकार : लेखकाधीन / संस्करण : 2026 / मूल्य : तीन सौ पचास रुपए
मुद्रक : नरुला प्रिंटर्स, दिल्ली चित्रांकन : संतोष मिश्रा

GITANJALI by Gurudev Rabindranath Tagore
Ed. Surendra Kumar Gambhir ₹ 350.00
Published by **VIDYA VIHAR,** 19, Sant Vihar (First Floor),
Street No. 2, Ansari Road, New Delhi-2
ISBN 978-93-80186-05-4

महर्षि रबींद्रनाथ टैगोर
के
चरणों में
सादर समर्पित

वंदना

विद्या दीनी, विचार दीने, रचना कराई तुम्हीं ने भगवान्
न मुझ में बुद्धि, न मुझ में शक्ति,
तुम्हीं आवत कराई काज,
तुम्हारे बिना शक्ति हीन, शून्य जीवन मेरा,
स्वीकार करो, स्वीकार करो, प्रभु चरणों में प्रणाम मेरा।
जो कुछ पाया, तुमसे पाया,
अहंकार मत कीजो, स्मरण प्रभु का सदा भाया।
तुमसे विलग नहीं रह सकूँ
चरण तुम्हारे अश्रुओं से धोया,
चाकर प्रभु तुम्हारा, न शांत हो पाऊँ
जब तक शरण तुम्हारी न पाया।

—सुरेंद्र कुमार गंभीर

भूमिका

महर्षि रबींद्रनाथ टैगोर को कौन नहीं जानता। वह जगत् में विख्यात हैं, केवल इसलिए नहीं कि उनको उनकी 'गीतांजलि' में लिखी गई कविताओं के अंग्रेजी अनुवाद पर 'नोबल' पुरस्कार मिला, बल्कि इसलिए कि वह एक महान् व्यक्ति थे—एक महान् कलाकार, कवि, संगीतज्ञ, दार्शनिक और सिद्धांतवादी देशप्रेमी और राष्ट्रभक्त। अमृतसर के जलियाँवाला बाग में अंग्रेजी शासन द्वारा अत्याचार के विरोध में महर्षि रबींद्रनाथ टैगोर ने निम्न पत्र ३१.०५.१९१९ को बिटिश सरकार द्वारा दिए 'नाइट हुड' के पदक को वापस करते हुए वायसराय को लिखा—

"The disproportionate severity of the punishments inflicted upon the unfortunate people and the methods of carrying them out, we are convinced, are without parallel in the history of civilized governments...The accounts of insults and sufferings undergone by our brothers in the Punjab have trickled through the gagged silence, reaching every corner of India and the universal agony of indignation roused in the hearts of our people have been ignored by our rulers,—possibly congratulating themselves for what they imagine as salutary lessons ... the very least that I can do for my country is to take all the consequences upon myself in giving voice to the protest of the millions of my countrymen, surprised into a dumb anguish of terror. The time has come when our badges of honour make our shame glaring in their incongruous context of humiliation, and I for my part wish to stand shorn of special distinctions, by the side of those of my countrymen, who, for their so-called insignificance are liable to suffer a degradation not fit for human beings..."*

Rabindranath Tagore

महर्षि रबींद्रनाथ कितने स्वाभिमानी, वीर और निर्भीक थे, इसका परिचय यह पत्र देता है।

उनके देशप्रेम एवं बंधुप्रेम की झलक निम्न कविताओं से भी मिलती है।

पद्य संख्या ३५ में गुरुदेव लिखते हैं—

'जहाँ कि मन निर्भीक हो और सिर ऊँचा रहे,

× × ×

जहाँ पर कि भाव सच्चाई की गहराई से निकलें,

× × ×

मेरे परमात्मा, ऐसी रमणीय स्वतंत्रता में
मेरे देश का उदय हो।'

पद्य संख्या ३६ में लिखते हैं—

'मुझे शक्ति दीजिए कि मैं निर्धन को
कभी विलग नही करूँ या मेरे घुटने
कभी किसी धृष्ट सामर्थ्य के आगे नहीं झुकें।'

× × ×

गुरुदेव की गीतांजलि में भक्ति भाव और प्रभु के आगे समर्पण की गाथा कूट-कूट कर भरी है। उनके गीतों में मिठास, भक्तिभाव एवं भगवान् के प्रति जो अटूट श्रद्धा है। वह पढ़कर मन आनंद विभोर हो उठता है। उनकी कविताओं में इतना सुरीलापन है कि वे गीत का रूप ले लेती हैं।

श्री डब्ल्यू.बी. यीट्स, जिन्होंने गीतांजलि के लिए प्रस्तावना लिखा है,

---

* Faith of a Poet—Rabindranath Tagore Bhartiya Vidra Bhavan, 1983, Ed. Pg. 17-18.

उसमें उन्होंने लिखा है—

"...though these prose translations from
Rabindernath Tagor have stirred
my blood as nothing has for years."

वह एक बंगाली डॉक्टर से वार्त्तालाप के दौरान कहते हैं, "For all I know so abundant and simple is this poetry, the new
Renaissance has been born in your country."

वह बंगाली डॉ. उनको कहते हैं—"I read
Rabindernath Tagor every day, to read one
line of his is to forget all the troubles of the world."

इसमें कोई अतिशयोक्ति नहीं है। इतना रस और भक्तिभाव भरा हुआ है इनके गीतों में कि इन्हें पढ़कर शरीर रोमांचित हो उठता है, पाठक भगवान् के प्रति अटूट श्रद्धा अनुभव करता है और उसके आगे अपने आप को समर्पण करने में आनंद अनुभव करता है।

पद्य संख्या एक में लिखते हैं—

'तुम्हारे अपरिचित उपहार
केवल मेरे इन बहुत छोटे हाथों में आते हैं,
युग पर युग बीत जाते,
फिर भी तुम देते जाते हो,
और अभी भी रिक्त है भरने को'

पद्य संख्या ९ में लिखते हैं—

'ओ मूर्ख अपने ही कंधों पर
ले जाने की कोशिश कर रहे हो।

× × ×

सारा बोझ उसके हाथों में छाड़ दो
जो इसे सह सकता हो
और प्रायश्चित्त में पीछे मुड़कर न देखो।'

पद्य संख्या ३६ में इस बात से व्यथित होते हैं कि प्रभु के लिए उनका प्यार पूरी तरह उमड़ नही पा रहा है। वे भगवान् से प्रार्थना करते हैं कि

'तुमसे मेरी यह विनती है मेरे स्वामी
प्रहार करिए, मेरे हृदय की घोर
दरिद्रता की जड़ पर प्रहार करिए।
मुझे शक्ति दीजिए कि मैं अपने
आनंद और व्यथा को सहज से
सह सकूँ

फिर निराशा में विलाप करते हैं--

'कली नहीं खिली है केवल पवन
सिसकती चल रही है।
न तो मैंने उनका मुख देखा है
ना ही मैंने उनके स्वर सुने हैं
मैंने तो केवल मेरे मकान के सामने
के मार्ग पर से उनके मंद पदचाप सुने हैं।' (पद्य संख्या १४)

फिर वह अपने आप को भगवान् के आगे समर्पण कर देते हैं—

'मैं तुम्हें चाहता हूँ केवल तुम्हें—मेरा हृदय
निरंतर इसी बात को दोहराता है।
सारी इच्छाएँ जो रात-दिन मुझे भ्रमित
करती हैं, पूर्णरूप से मिथ्या और निरर्थक हैं।
(पद्य संख्या ३८)

महर्षिरबींद्र नाथ टैगोर ने पूजा से अधिक निर्धनों और निःसहाय व्यक्तियों की सेवा को महत्त्व दिया है। ऐसे व्यक्ति उनको भगवान् की ही संतान लगते थे। ऐसे व्यक्तियों से प्रेम भी करते थे और उनको विलग नहीं करना चाहते थे (पद्य संख्या ३६)

पद्य संख्या ११ में लिखते हैं—

‘किस की पूजा कर रहे हो?
अपने नेत्र खोलो और देखो भगवान्
तुम्हारे सामने नहीं है।
वह तो वहाँ पर है जहाँ पर कृषक
कठोर जमीन पर हल चला रहा है,
और जहाँ पर श्रमिक पत्थर तोड़ रहा है,
और उसके वस्त्र मिट्टी से सने हुए हैं।
अपने साधु का आवरण फेंक दो
और उसकी तरह इस मिट्टी भरी
भूमि में आ जाओ।’

महर्षि रवींद्रनाथ कवि, लेखक, उपन्यासकार, चित्रकार ही नहीं, अपितु एक महान् मानवतावादी एवं दर्शनिक भी थे। उनकी रचनाओं में योग विद्या का भी कोष है। उनके विचारानुसार ब्रह्म ही अनंत एवं मूल आधारभूत है एवं जो कुछ भी हमारे पास है वह उनके द्वारा ही दिया हुआ है।* पद्य संख्या १ में लिखते हैं—

‘युग पर युग बित जाते,
फिर भी तुम देते जाते हो।’

वह कहते हैं कि भगवान् को प्राप्त करना हमारा ध्येय नहीं होना चाहिए अपितु ब्रह्म के साथ एक हो जाएँ। हम ब्रह्म को आत्मा के द्वारा ही जान सकते हैं—आत्मा को जो ब्रह्म से मिलने में आनंद आता है एवं ब्रह्म के मिलन में जो उसे (आत्मा को) सुख मिलता है उससे ही हम या हमारी आत्मा ब्रह्म को जान सकती है। आत्मा का ब्रह्म में मिलन कैसा हो, इसका बहुत सुंदर वर्णन लिखते हैं कि जैसा पूर्व (East) सिखाता है कि ‘‘आत्मा का उद्देश्य ब्रह्म को पाने का अर्थ ऐसा नहीं है, जिसे हम सांसारिक प्रयोजन के लिए उपयोग कर सकें अपितु हमारी लगन ऐसी हो कि आत्मा का अधिक-से-अधिक मिलन ब्रह्म से हो जाए और दोनों एक हो जाएँ।’’ वह लिखते हैं कि ‘‘यदि हम इसकी आशा नहीं करते कि आत्मा का ब्रह्म में

* Sadhna—Rabindra Nath Tagore, Ch. 8

मिलन हो जाए तो हमारा जीवन निरर्थक है।" उनके मतानुसार ब्रह्म निराकार है (पद्य संख्या ५०) और सर्वशक्तिमान है। उसके आगे अपने को समर्पण कर देते हैं। (पद्य संख्या ९ और ३८) अपना समस्त समर्पण करने में सच्चा आनंद अनुभव करते हैं।

महर्षि टैगोर मानव के आपसी क्लेश से अत्यंत दु:खी थे और जिस कारण मानव जाति एवं संसार-व्यर्थ खंडों में टूट गया। वह चाहते थे कि संपूर्ण मानव जाति प्रेम के एक धागे में गुँथ जाए। (पद्य संख्या ३५) इसी उद्‌देश्य से उन्होंने शांति निकेतन की स्थापना की एवं महात्मा गांधी के संरक्षण में सौंप दी।*

महर्षि टैगोर के दार्शनिक विचारों को जानने के लिए उनकी कई रचनाओं का अध्ययन आवश्यक हो जाता है। निश्चय ही रवींद्रनाथ टैगोर कवि, लेखक और उपन्यासकार ही नहीं, अपितु एक महान् दार्शनिक और महर्षि भी थे।

ऐसे थे महर्षि रबींद्रनाथ टैगोर। यह तो उनके जीवन का एक बहुत संक्षिप्त वर्णन है। उनके प्रति मेरी बहुत श्रद्धा रही है। वह उन विभूतियों में से हैं जो बार-बार जन्म नहीं लेती। होल्कर कॉलेज, इंदौर में, जहाँ से मैंने अर्थशास्त्र में एम.ए. किया और विधि स्नातक की डिग्री प्राप्त की, महर्षि की सफेद संगमरमर की बहुत ही सुंदर मूर्ति बनी हुई है। उसमें महर्षि टैगोर का प्रतिबिंब देखकर हृदय हर्षोल्लसित हो उठता था और मन-ही-मन उनको नमन कर लेता था।

होल्कर कॉलेज को छोड़े लगभग अर्द्ध शताब्दी हो गई, परंतु उस प्रतिमा की आकृति अभी भी मेरे हृदय पटल पर वैसी ही छाई हुई है। वकालात के पेशे में समय नहीं मिला। समय के अनुसार मनुष्य धंधा करने की अपेक्षा और कुछ भी करना चाहता है। वह समय अब से २००८ में मिला और पहला कार्य मैंने गुरुदेव की गीतांजलि में से कविताओं का जिसका उन्होंने अंग्रेजी अनुवाद कविताओं का हिंदी में अनुवाद करना आरंभ किया। १०३ कविताओं में से ५० कविताओं का ही अभी अनुवाद कर पाया हूँ, जो

* फैथ—पूर्वोक्त, पृष्ठ ८९-९०

कि आप के सामने इस पुस्तक के माध्यम से प्रस्तुत कर रहा हूँ। बाकी की कविताओं का भी अनुवाद करने का प्रयास करूँगा।

इन गीतों का हिंदी में अनुवाद करने में मेरी पत्नी सुनीता गंभीर और मेरे परिवार से अत्यंत प्रोत्साहन मिला। मेरी बड़ी बहिन श्रीमती मालती बग्गा का इसमें संशोधन व उनकी पुत्री रुचि बग्गा का पांडुलिपि तैयार करने में पूर्ण सहयोग मिला है, उसके लिए मैं उनका हृदय से बहुत आभारी हूँ। पांडुलिपि तैयार करने में रुचि बग्गा से जो अथक एवं प्रसन्नापूर्वक सहयोग मिला, उसके बिना इस पुस्तक का तैयार होना संभव नहीं होता।

मैं आदरणीय न्यायमूर्ति दलबीर भंडारीजी, जो उच्चतम न्यायालय के न्यायमूर्ति हैं, का बहुत आभारी हूँ, जिन्होंने इस पुस्तक के लिए प्राक्कथन लिखा है। उन्होंने प्राक्कथन लिखने में अत्यंत श्रम किया है एवं महर्षि टैगोर के संबंध में अत्यंत महत्त्वपूर्ण सामग्री पेश की है। उन्होंने विलियम बटलर यीट्स के उद्गार महर्षि टैगोर के संबंध में उद्धृत किए हैं, जिसमें उन्होंने कहा कि "...After that his art grew deeper, it became religious and philosophical; all the aspirations of mankind are in his hymns." उन्होंने यह सही कहा—जैसा आप इस पुस्तक से पाएँगे। फ्रेंच लेखक एंड्रे गाइड ने लिखा है कि हमें देखना होगा कि इस पुस्तक (गीतांजलि) का पश्चिम पर कैसा प्रभाव होगा। जैसा न्यायभूमि भंडारीजी ने लिखा है कि "१९वीं सदी में विश्व साहित्य के क्षेत्र में हर भारतीय की पहचान इस महाकाव्य के माध्यम से हुई।...इस महाकाव्य की रचना न किसी विशेष समाज, प्रांत या देश विशेष के लिए हैं। यह महाकाव्य सदैव मानव संस्कृति एवं सभ्यता के लिए प्रेरणा का स्रोत रहेगा।" जो विचार एवं जो सामग्री न्यायमूर्ति भंडारीजी ने महर्षि रवींद्र नाथ टैगोर के बारे में प्रस्तुत की है वह अत्यंत दुर्लभ रोचक एवं महत्त्वपूर्ण है। मैं उनको मेरी पुस्तक के लिए प्राक्कथन लिखने के लिए जो उन्होंने अति श्रम एवं प्रेमपूर्वक लिखा है, अपना हार्दिक आभार व्यक्त करता हूँ।

श्री अमलेंदु भूषण भट्टाचार्य का, जो कि जे.पी. इंस्टीट्यूट ऑफ इन्फॉर्मेशन टेक्नोलॉजी विश्वविद्यालय में वरिष्ठ अध्यापक है और बँगला, हिंदी एवं अंग्रेजी के निपुण ज्ञाता हैं और उनकी पत्नी श्रीमती प्रनाती भट्टाचार्य,

जिन्होंने बँगला साहित्य में एम.ए. किया है, की भी बहुत आभारी हूँ कि उन्होंने मेरे किए हुए अनुवाद में बहुत ही सुंदर और उपयुक्त सुझाव दिए। प्रोफेसर भट्टाचार्य ने तो इस अनुवाद पर समालोचना भी लिखकर दी, जिसे पढ़कर मैं गद्‌गद हो गया और कृतज्ञता से उनके सम्मुख नतमस्तक हो जाता हूँ। जो कुछ भी उन्होंने मेरे बारे में लिखा है, मैं उस योग्य तो नहीं हूँ। यह उनका प्रेम ही है जो झलक रहा है। उन्होंने जो समालोचना लिखी है, वह इस बात की द्योतक है कि वह बँगला, हिंदी और अंग्रेजी के बहुत अच्छे ज्ञाता हैं और एक महान् दार्शनिक भी।

मैं श्री संतोष मिश्राजी को, जिन्होंने बहुत ही सुंदर चित्र बनाएँ हैं—हार्दिक धन्यवाद देता हूँ।

यदि ये कविताएँ पाठकों को पसंद आएँगी तो मुझे इस बात की प्रसन्नता होगी कि पाठकों के समक्ष, महर्षि रबींद्रनाथ टैगोर की कविताओं में से कुछ कविताओं को हिंदी में प्रस्तुत करने का मेरा यह प्रयास सफल हुआ और जैसा शुरू में 'वंदना' में लिखा है, इसमें मेरा कोई योग नहीं है। केवल मेरा हाथ चला है, बाकी रचना तो भगवान् ने ही रची है। इस पुस्तक की जो भी रॉयल्टी मिलेगी, उसका २५% धन 'शांति निकेतन' को भेंट के रूप में दिया जाएगा एवं २५% धन कैंसर रोगियों की सेवा में लगी संस्था 'केन सपोर्ट' नई दिल्ली को दिया जाएगा

—सुरेंद्र कुमार गंभीर

Dalveer Bhandari
Judge
Supreme Court of India

6, Moti Lal Nehru Marg,
New Delhi - 110011
Telefax : 23015290, 23012121

प्राक्कथन

श्री सुरेंद्र कुमार गंभीर उच्चतम न्यायालय के जाने-माने सम्मानित वरिष्ठ अधिवक्ताओं में से हैं। श्री गंभीर उच्चतम न्यायालय में मध्य प्रदेश सरकार तथा भारत सरकार के काफी समय तक अधिवक्ता रह चुके हैं। वकालत के इस लंबे सफर में उन्हें देश के जाने-माने महत्त्वपूर्ण मुकदमों की पैरवी करने का अवसर मिला। मेरा परिचय श्री गंभीर से तीन दशकों से अधिक का रहा है परंतु मुझे इस बात का आभास नहीं था कि साहित्य में तथा विशेष रूप से कविताओं में उनकी इतनी गहरी रुचि है।

गीतांजलि एक महाकाव्य है, एक शताब्दी पूर्व इसकी रचना हुई, तब भी यह एक महाकाव्य था। शताब्दी के पश्चात् भी यह महाकाव्य है तथा आनेवाली शताब्दियों में भी यह एक महाकाव्य रहेगा—इस महाकाव्य की उपयुक्तता तब तक रहेगी जब तक मानव सभ्यता जीवित है।

१९वीं सदी में विश्व साहित्य के क्षेत्र में हर भारतीय की पहिचान इस महाकाव्य के माध्यम से हुई। गीतांजलि हर भारतीय की अनुभूतियों से अंतरंग रूप से जुड़ा है। गीतांजलि एक अनूठा महाकाव्य है, जो एक साधारण व्यक्ति से लेकर प्रकांड पंडित एवं महान् विद्वान के लिए समानरूप से प्रेरणा का स्रोत है। इस काव्य की रचना न किसी विशेष समाज, प्रांत या देश विशेष के लिए है। यह महाकाव्य सदैव मानव संस्कृति एवं सभ्यता के लिए प्रेरणा का स्रोत रहेगा।

विश्व के सबसे सम्मानित नोबल पुरस्कार के इतिहास में पहली बार यह पुरस्कार ऐसे व्यक्ति को मिला, जिसका संबंध यूरोप तथा स्वेत रेस न रहा है।

महर्षि रवींद्रनाथ टैगोर को जब नोबल पुरस्कार मिला तो अमेरिका के एक प्रमुख अखबार 'शिकागो ट्रिब्यून' (Chicago Tribune) के शीर्षक 'वॉयस फ्रॉम द ईस्ट' (Voice from the East) में दिनांक १४ नवंबर, १९१३ में जो लिखा, वह मैं उद्धृत करता हूँ—

"Money awards are no test of the value of poetry, yet the grant of the Nobel Prize to RABINDRANATH TAGORE is in itself a notable event in the history of literature. To those whose ideas have been moulded by MACAULAY, who believe that nothing good comes out of Bengal but "babu English," the decision of the judges will be a staggering blow."

गीतांजलि की भूमिका विश्वविख्यात आयरिश कवि व नाटककार विलियम बटलर यीट्स (Yeats) ने लिखी है। इसमें उन्होंने लिखा है कि—

'I Know no men in my times who have done anything in English Language to equal Tagore Lyrics.'

श्री विलियम बटलर यीट्स (Yeats) को स्वयं साहित्य में योगदान के लिए नोबल पुरस्कार से सम्मानित किया गया था। उन्होंने गीतांजलि की भूमिका में महर्षि रवीन्द्रनाथ टैगोर के बारे में निम्न शब्दों में कहा है—

"I so much admire the completeness of his life; When he was very young he wrote much of natural objects, he would sit all day in his garden; from his twenty fifth year or so to his thirty fifth perhaps, when he had a great sorrow, he wrote the most beautiful love poetry in our language," and then he said with deep emotion, "Words can never express what I owed at seventeen to his love poetry. After that his art grew deeper, It became religious and philosophical; all the aspirations of mankind are in his hymns. He is the first among our saints who has not refused to live, but has spoken out life itself, and that is why we give him our love." I may have changed his well-chosen words in my memory but not his thought. "A little while ago he was to read divine service in one of our churches—we of the Brahma Samaj use your word 'Church' in English—it was the largest in Calcutta and not only was it crowded, People even standing in the windows, but the streets were all but impassable because of the people."

कवि विलियम बटलर यीट्स (Yeats) पर टैगोर के व्यक्तित्व एवं गीतांजलि की अमिट छाप थी कि उन्होंने पश्चिम बंगाल पर स्वयं कविता लिख डाली।

गीतांजलि का अनुवाद जब फ्रेंच (French) भाषा में कवि एवं लेखक (Andre Gide) ने किया तो उन्होंने गीतांजलि के बारे में जो लिखा वह इस प्रकार है—

"First of all, what I admire in Gitanjali is its slenderness. What I admire in Gitanjali is that it is uncluttered with mythologies. What I admire in Gitanjali is that one does not need any preparation to read it. And although it would probably be worthwhile to know how it relates to the traditions of ancient India, it might be even more interesting to consider how it addresses us."

गीतांजलि का अनुवाद जब पुर्तगाली (Portuguese) भाषा में कवि एवं लेखक Ivo Storniolo ने किया तो उन्होंने गीतांजलि के बारे में निम्न शब्दों में इस प्रकार लिखा है—

"Tagore therefore, offers us the past, the present and the future. In the past he meets with the biblical tradition that proclaime God as friend and faithful ally of the poor and the oppressed. In the Present, with the awakening of the rediscovery of the living God who makes the Sun rise from the hope in the periphery of our world, where the poor and miserable are gradually beginning to understand that the living God leads the battle against injustice and inequality. And Tagore still shows us the future: the day when each human being will be able to finally exclaim in ecstasy; "Thus it is that thy joy in me is so full. Thus it is that thou hast come down to me. O thou lord of all heavens. where would be thy love if I were not?" (Gitanjali, Poem 56) (पुस्तक में पद्य संख्या ४६)

गीतांजलि का अनुवाद जब जर्मन (German) भाषा में किया गया तो उसमें गीतांजलि के बारे में जो कहा गया उसका अनुवाद निम्न शब्दों में है—

"This is the underlying idea in Gitanjali. The life-affirming love of God for all men, the sensual love between man and woman, The love of a mother for her child, the discovery of nature as a gift of God—These facets of the basic idea are interwoven throughout the book, which was composed primarily in praise of God. The simplicity of the poems charm the reader. Tagore offers in these poems his concept of the ideal human being—a creative, artistic and socially active being."

नोबल पुरस्कार स्वीकार करते हुए, जो भाषण महर्षि टैगोर ने दिया उसमें उन्होंने स्वयं स्वीकार किया है कि उन्हें इस प्रकार के पुरस्कार की कभी आशा नहीं थी। जब उन्हें तार (Cable) से इस पुरस्कार के बारे में सूचना प्राप्त हुई तब उन्हें विश्वास नहीं हुआ, उन्हें लगा कि तार से भेजे समाचार में त्रुटी है।

महर्षि टैगोर ने अपने इस भाषण में प्रकृति एवं बच्चों के लिए जो विचार व्यक्त किए हैं उन्हीं शब्दों को मैं दोहराना उपयुक्त समझता हूँ—

"I had a deep love for nature I had natural love for children also. My object in starting this institution was to give the children of men full freedom of joy, of life and of communion with nature. I myself had suffered when I was young through the impediments which were inflicted upon most boys while they attended school and I have had to go through the machine of education which crushes the joy and freedom of life for which children have such insatiable thirst. And my object was to give freedom and joy to children of men.”

उसी भाषण में महर्षि टैगोर ने पूर्व एवं पश्चिम की निकटता के बारे में इन शब्दों में कहा—

“I am glad that I belong to this great time, this great age, and I am glad that I have done some work to give expression to this great age, when the East and the West are coming together. They are proceeding towards each other. They are coming to meet each other. They have got their invitation to meet each other and join hands in building up a new civilization and the great culture of the future.”

जब ये पुरस्कार महर्षि टैगोर को मिला तो उन्होंने महसूस किया कि ये पुरस्कार सिर्फ उनके लिए ही नहीं है अपितु सभी देशवासियों के लिए है। उन्होंने पुरस्कार राशी विश्वविख्यात शांति निकेतन विद्यालय को स्थापित करने एवं उसे समृद्ध करने में खर्च कर दी। टैगोर ने उसी भाषण में कहा है कि—

“I have used this money which I have got from you for establishing and maintaining the university which I started lately, and it seemed to me, that this university should be a place where Western Students might come and meet their Eastern brethren and when they might work together and try to find the treasures that have lain hidden in the East for centuries and work out the spiritual resources of the East, which are necessary for all Humanity.”

गीतांजलि जिसका अनुवाद विश्व की प्रमुख सभी भाषाओं एवं भारत की सभी भाषाओं में हो चुका है, ऐसे महाकाव्य का फिर से अनुवाद करने का साहस जुटाना अपने आप में अत्यंत प्रशंसनीय कार्य है। इस अनुवादित पुस्तक का प्रारंभ ईश्वर वंदना से किया है। उन पंक्तियों को पढ़ने से श्री गंभीर के चरित्र में कितनी नम्रता एवं सहृदयता है, परिलक्षित होती है।

मैं श्री गंभीर को हृदय से धन्यवाद देना चाहता हूँ कि उन्होंने मुझे

चार दशकों के बाद फिर से गीतांजलि पढ़ने का सुंदर अवसर प्रदान किया। मैंने इस पुस्तक के प्राक्कथन को लिखने से पूर्व फिर से गीतांजलि का जो अनुवाद अंग्रेजी भाषा में स्वयं महर्षि टैगोर ने किया उसे फिर से पढ़ा। शायद जिस स्वच्छ वातावरण में महर्षिजी ने गीतांजलि की रचना की, उसी स्वच्छ वातावरण में मुझे गीतांजलि को फिर से पढ़ने का सौभाग्य प्राप्त हुआ। ग्रीष्म अवकाश में महानगर के प्रदूषित वातावरण से दूर नैनीताल के सुंदर प्राकृतिक, स्वच्छ एवं निर्मल वातावरण में फिर से गीतांजलि को पढ़ा। उसके पश्चात् श्री गंभीर ने जो अनुवाद हिंदी में किया, उसे पढ़ा। किसी महाकाव्य का अनुवाद दूसरी भाषा में करना एवं उसी भाषा में उसका अर्थ मात्र करना काफी नहीं होता। अनुवाद से पूर्व यह आवश्यक है कि उस महाकाव्य में अंतर्निहित भावों को समझकर समुचित रूप से उसका मंथन करें। अनुवाद के पूर्व महाकाव्य के लेखक की मनोस्थिति को भी ठीक से समझना आवश्यक होता है।

श्री गंभीर ने गीतांजलि के गीतों के भावों का अनुवाद बहुत ही सुंदरता एवं समग्रता से किया है। इस महाकाव्य के अनुवाद करते वक्त श्री गंभीर का यह एक अथक प्रयास रहा है कि गीतांजलि के मूलभाव को सरलता एवं सहजता को पूरी तरह सँजोकर रखा जाए। श्री गंभीर ने गीतांजलि के हिंदी अनुवाद में इसे पूर्णतः जीवित रखने का बहुत सुंदर प्रयास किया गया है, जो कि अत्यंत सराहनीय कार्य है।

जीवन में संगीत का बहुत महत्त्व है। संगीत के बिना जीवन अधूरा है। गीतांजलि एक जीवन दर्शन है। श्री गंभीर ने अपने अनुवाद में अपने भावों के साथ-साथ कुछ रेखाचित्र भी प्रस्तुत किए हैं। उन रेखाचित्रों के द्वारा कवि के भावों को समझने में सरलता एवं सहजता होती है।

वैसे तो सभी गीतों का अनुवाद बहुत सुंदर तरीके से किया गया है परंतु विशेष रूप से इस अनुवाद, जिसमें ईश्वर की असीम अनुकंपा के बारे में जो वर्णन बहुत ही सुंदर तरीके से किया है। अनुवादित गीत श्री गंभीर ने इन शब्दों में लिखा है—

यह तुम्हारी ही इच्छा है कि तुमने मुझे
अनंत बना दिया।
इस कमजोर पात्र को बार-बार खाली करते हो,
और फिर नया स्फूर्ति पूर्ण-जीवन देते हो।

एक छोटी सी नरकुल की बाँसुरी
पहाड़ियों और घाटियों में लेकर जाते हो,
और उसमें नया शाश्वत संगीत भर देते हो।

तुम्हारे हाथ के अमरत्व स्पर्श से,
मेरे छोटे से हृदय की आनंद की सीमा नहीं रहती,
और अकथनीय शब्द झरने लगते हैं।

तुम्हारे अपरिमित उपहार
केवल मेरे इन बहुत छोटे हाथों में आते हैं।
युग पर युग बीत जाते,
फिर भी तुम देते जाते हो,
और अभी भी रिक्त हैं—भरने को।

इस छोटे फूल को तोड़कर ले लो,
विलंब न करो!
मुझे भय है कि कहीं यह मुरझाकर
धूल में नहीं गिर जाए।

कहीं यह तुम्हारी माला में नहीं गुँथ पाए,
अपने हाथ से कष्ट करके इसे छूकर आदर करो
और इसे तोड़ लो।

मुझे भय है कि मुझे पता चले,
इसके पहले दिन समाप्त हो जाय
और पूजा का समय निकल जाय।

यद्यपि इसका रंग गहरा नहीं है
और गंध भी मंद है,
परंतु समय होते इसको तोड़ लो
और तुम्हारी सेवा में इसे डाल दो।

जीवन में जरूरत से ज्यादा धन एवं समृद्धि भी कष्टदायक हो सकती है। श्री गंभीर ने इस गीत का बहुत ही सुंदर अनुवाद किया है, जिसे मैं आपके समक्ष प्रस्तुत कर रहा हूँ—

वह बालक जिसने राजकुमार के वस्त्र
पहन रखे हैं और जिसने गले में रत्न जड़ित
माला पहन रखी है,
वह अपनी क्रीड़ा का सारा आनंद
खो देता है; उसके वस्त्र हर कदम पर बाधा डालते हैं।

गीतंजलि के सबसे सुंदर गीतों में से एक गीत, जिसमें महर्षि टैगोर ने विश्व की रचना में हर व्यक्ति की अपनी निर्धारित भूमिका का विवरण किया है, इस गीत का अनुवाद भी श्री गंभीर ने बहुत ही सुंदर शब्दों में प्रस्तुत किया है—

मुझे संसार के उत्सव में आने का निमंत्रण था,
और इस प्रकार मेरा जीवन धन्य हुआ।

मैंने आँखों से देखा है और कानों से सुना है।
इस उत्सव में मेरी भूमिका वीणा बजाने
की थी, और जो कुछ मैं कर सकता था मैंने किया।

अब मैं पूछता हूँ कि अंत में क्या,
जाने का समय आ गया है, जब मैं अंदर
जा सकूँ और तुम्हारा आनन देख लूँ
और तुम्हें मैं चुपचाप प्रणाम कर सकूँ।

महर्षि टैगोर का एक और सुंदर गीत, जिसका बहुत ही सुंदर तरीके से श्री गंभीर ने अनुवाद किया है उसे आपके समक्ष प्रस्तुत करता हूँ—

प्रातः के प्रथम चरण में मंद स्वरों में कहा
कि हम नौका विहार करें,
केवल तुम और मैं,
और संसार में किसी को भी हमारी इस
तीर्थयात्रा का पता नहीं चलना चाहिए,
जो कि अज्ञात देश के लिए और अनंत होगी।

उस सीमा रहित सागर में
तुम्हारी नीरव मुस्कान से,
मेरे गीत माधुर्य हो जाएँगे,
लहरों के समान स्वतंत्र, शब्दों के बंधन से मुक्त।

क्या अभी समय नहीं आया है?
क्या अभी कार्य करने बाकी हैं?

देखो सागर के तट पर संध्या आ गयी है,
और ढलते हुए प्रकाश में समुद्री पक्षी
उड़ते हुए अपने नीड़ की ओर जा रहे हैं।

कौन जाने नाव की जंजीरें कब खुलेंगी,
और नाव, सूर्यास्त की अंतिम किरण के समान,
रात्रि में ओझल हो जाएगी?

गुरुदेव ने जो पद्य संख्या ३५ में लिखा है वो बहुत ही लोकप्रिय है। स्वतंत्र देश में हर एक नागरिक की मनोस्थिति का सुंदर विवरण इस गीत में है। इस भाव को श्री गंभीर ने बहुत ही सुंदरता से इन शब्दों में परिलक्षित किया है—

''जहाँ कि मन निर्भीक हो और सिर ऊँचा रहे,

× × ×

जहाँ पर कि भाव सच्चाई की गहराई से निकलें,

× × ×

मेरे परमात्मा, ऐसी रमणीय स्वतंत्रता में मेरे देश का उदय हो।''

गीतांजलि के अनुवाद में श्री गंभीर ने महाकाव्य की आत्मा को जीवित रखा है। यह अपने आपमें एक विशेष उपलब्धी है। गीतांजलि के सुंदर अनुवाद के लिए मैं सच्चे हृदय से उन्हें बधाई देना चाहता हूँ। आशा है कि भविष्य में भी श्री गंभीर माँ सरस्वती की निरंतर सेवा करते रहेंगे।

—दलवीर भंडारी

समालोचना

श्री सुरेंद्र कुमार गंभीर ने श्री रबींद्रनाथ ठाकुर की अमर रचना 'गीतांजलि' की कुछ चुनी कविताओं का गद्यानुवाद कर मुझे जब उनके अनुवाद पर अपने विचार को लिखने का अनुरोध किया, उनके उत्साह और उमंग को देखते हुए मुझे यह कहने का साहस नहीं हुआ कि वे एक ऐसे व्यक्ति को प्रस्ताव कर रहे हैं, जो किसी भी मापदंड से, इस कार्य के अयोग्य और अनुपयुक्त है। मैं पेशे से वैज्ञानिक हूँ। केवल पड़ोस में रहने और बँगला, हिंदी और अंग्रेजी भाषा की थोड़ी-बहुत जानकारी ही मेरी पूँजी है, जिसके भरोसे इतना बड़ा दुस्साहसिक दायित्व स्वीकार करने हेतु पाठकों से क्षमाप्रार्थी हूँ।

श्री गंभीर ने श्री रबींद्रनाथ ठाकुर को एक महर्षि के रूप में देखा है और उपस्थापित किया है। श्री रबींद्रनाथ ठाकुर कविगुरु या कवींद्र के रूप में सर्वाधिक परिचित हैं। गांधीजी और रबींद्रनाथ ने एक-दूसरे को 'गुरुदेव' और 'महात्मा' की पदवी से विभूषित किया—यह तो इतिहास में स्वर्णाक्षरों में लिखित रहेगा। श्री गंभीर के जीवन पर श्री रबींद्रनाथ की एक मर्मरमूर्ति का ऐसा अमिट प्रभाव पड़ा, जो संभवत: हमारे अनजाने युग-युग और अनगिनत व्यक्तियों को गति सुलभ दृष्टि द्वारा उपलब्ध सत्य से परिचित और अनुप्राणित करता रहेगा।

श्री गंभीर ने ऐसे ही कुछ गीत-स्तवक का गीतांजलि से चयन किया, जिसमें कवि एक ऐसे चिरंतन सत्य को प्रतिष्ठित करते हैं, जो

एक महर्षि द्वारा ही उपलब्ध हो सकता है। कवि केवल अपनी भावनाओं को छंदों में ग्रंथित करके ही विराम नहीं लेते—मानो एक गहन अनुसंधान का मूल हमें प्राप्त कराते हैं। वह मूल है अध्यात्मिक तत्त्व। उपनिषद् की धारा में अध्यात्म और प्रकृति की उपासना में एक अटूट संपर्क है।

कवि की जिज्ञासा प्रतिमूर्त होती है निम्नलिखित छंद में—

'प्रथम दिन के सूर्य ने
प्रश्न उठाया था
सृष्टि के नूतन आविर्भाव पर
तुम कौन हो?
नहीं मिला था उत्तर
वर्षों व्यतीत हो गए,
दिन का अंतिम सूर्य
पुनः प्रश्न को उत्थापित करता है
पश्चिम सागर के तट पर,
निस्तब्ध संध्या में
तुम कौन हो?
न मिला अब भी कोई उत्तर।'

स्पष्ट है कि सूर्य का उदय और अस्त कवि की दृष्टि में केवल एक नैसर्गिक सौंदर्य और प्रतिदिन की प्राकृतिक घटना जैसा प्रतीत नहीं होता, परंतु एक चिरंतन प्रश्न और जिज्ञासा का भी प्रतीक हो उठता है।

सूर्य के अस्त होने पर संध्या की वेला का अवतरण होता है। कभी नीलगगन में एकत्रित होते हैं कृष्णवर्ण घुँघराले बादल, तो कभी आती है प्रलयंकर आँधी। प्रकृति हमारे समक्ष प्रतिफलित होती है नए-नए रूपों में, नए-नए वर्णों में। कभी उपस्थित होता है उसका भयंकर रूप, कभी अवतरण होता है उसका करुणामय सृजनकारी प्रकाश। इस विषमता के नेपथ्य में महर्षि की अंतर्दृष्टि देख पाती है एक अदृश्य शक्ति। विज्ञान के परे महर्षि स्पर्श करना चाहते हैं एक अनंत और असीम लोक

को, जो काल्पनिक प्रतीत होते हुए भी एक चरम सत्य की खोज देता है। प्रकृति और सृष्टि की सारी विचित्रता और अनैक्यता में, व्यथा-वेदना-संघात में, सृष्टि-स्थिति-विलय की वर्णमयी अभिव्यक्तियों के नेपथ्य में, केवल एक ही शाश्वत सत्य विराजा करता है—वह है आनंद और प्रेम का संगीत। कवि गीतांजलि में हमें उसी मूल बिंदु और मंजिल पर ले चलते हैं। यह उपलब्धि सभी युगों में मानव के लिए एक अमूल्य संपदा बनी रहेगी। यहाँ पर कवि अतींद्रिय उपलब्धियों के हेतु वैज्ञानिक से भी एक मात्रा आगे बढ़ जाते हैं। कवि केवल अपनी अनुभूतियों के भाष्यकार (Commentator) ही नहीं, अपितु शाश्वत उपलब्धियों के गीतकार भी हो उठते हैं, उनके शब्दों में—

‘जीवन-मरण की सीमा के पार,
मेरे सखा तुम कर रहे हो इंतजार,
और ‘आनंदधारा’ बह रही है भुवन में’

श्री गंभीर ने श्री रबींद्रनाथ ठाकुर के इस प्रकार के दृष्टिकोण, रूप और रचनाओं को पाठक के समक्ष उपस्थित करने का एक सफल प्रयास किया है। मैं आशा करता हूँ कि श्री गंभीर का यह प्रयास पाठकों को श्री रबींद्रनाथ ठाकुर को और अधिक गहराई से समझने में सहायता करेगा।

प्रस्तुत अनुवाद का मूल्यांकन करते समय अनुवादक की एक विवशता को ध्यान में रखने की आवश्यकता है। अनुवादक बँगला लिपि और भाषा से अपरिचित हैं। गीतांजलि से उनका परिचय ‘पद्य’ के छंदों में विरचित बँगला कविताओं और गीतों का ‘गद्यानुवाद’ से हुआ, जो मूल भावना और माधुर्य से स्वभावतः हटकर है। श्री गंभीरजी इस व्यवधान पर जागरूक और पीड़ित हैं, अपितु जीवन भर रबींद्र-दर्शन से अनुप्राणित और निष्ठावान् अनुयायी होने के कारण उन्हें विश्वास है कि उनकी कविताओं का गद्यानुवाद भी पाठकों को श्री रबींद्रनाथ के भावलोक में ले जाने में समर्थ होगा। वस्तुतः श्री गंभीरजी को गद्यानुवाद

के पथ पर चलते हुए भी उन्हें अपठित बँगला छंदों की झनकार सुनाई पड़ रही है। मूल भावों को उपस्थापित करने में भी श्री गंभीर ने ऐसी अनोखी पारदर्शिता दिखाई कि वे रबींद्र-रँग में रंगे प्रतीत होते हैं। यह पारदर्शिता आजीवन रबींद्र-चर्चा और मनन का ही परिणाम है। संत कबीर के शब्दों में—

'लाली देखन मैं गई, मैं भी हो गई लाल।'

—अमलेंदु भूषण भट्टाचार्य

विशिष्ट अध्यापक
जे.पी. इंस्टीट्यूट ऑफ इन्फॉर्मेशन
टेक्नोलॉजी विश्वविद्यालय,
सी-१८४, सेक्टर-२६
नोएडा-२०१३०१ (उ.प्र.)

अनुक्रम

तुमने मुझे अनंत बना दिया

तुमने मुझे अनंत बना दिया
यह तुम्हारी ही इच्छा है कि तुमने मुझे
अनंत बना दिया।
इस कमजोर पात्र को बार-बार खाली करते हो,
और फिर नया स्फूर्तिपूर्ण जीवन देते हो।

एक छोटी सी नरकुल की बाँसुरी
पहाड़ियों और घाटियों में लेकर जाते हो,
और उसमें नया शाश्वत संगीत भर देते हो।

तुम्हारे हाथ के अमरत्व स्पर्श से,
मेरे छोटे से हृदय की आनंद की सीमा नहीं रहती,
और अकथनीय शब्द झरने लगते हैं।

तुम्हारे अपरिमित उपहार
केवल मेरे इन बहुत छोटे हाथों में आते हैं।
युग पर युग बीत जाते,
फिर भी तुम देते जाते हो,
और अभी भी रिक्त हैं—भरने को।

□

जब तुम मुझे गाने का आदेश देते हो

जब तुम मुझे गाने का आदेश देते हो
तो लगता है मेरा हृदय गर्व से टूट जाएगा
और मैं तुम्हारे मुख की तरफ देखता हूँ
तो नेत्रों से आँसू बहने लगते हैं।

जो भी मेरे जीवन में कटुता एवं कर्कशता है
वह एक मधुर शांति में पिघल जाती है
और उस प्रसन्न पक्षी,
जो कि समुद्र के ऊपर उड़ रहा होता है,
की तरह मेरी आराधना अपने
पंख फैला देती है।

मैं जानता हूँ कि तुमको मेरे गाने में
आनंद आता है।
मैं जानता हूँ कि मैं एक गायक
के रूप में ही तुम्हारे सामने आता हूँ।

मैं मेरे गीत के विशाल पंख के कोने
से ही तुम्हारे चरण छू पाता हूँ

जिनको छूने की मैं कभी कल्पना भी नहीं कर सकता।

अपने गीतों की खुशी में डूबा
मैं स्वयं को भूल गया
और तुमको मित्र कह बैठा
जबकि तुम मेरे स्वामी हो।

□

मेरे स्वामी, मैं नहीं जानता

मेरे स्वामी, मैं नहीं जानता तुम कैसे गाते हो?
मैं तो हमेशा शांत विस्मय में ही सुनता हूँ
तुम्हारे संगीत का आलोक सारे विश्व
को आलोकित करता है।
तुम्हारे संगीत की जीवनधारा
आकाश से आकाश तक बह निकलती है।
तुम्हारे संगीत की प्रवित्र धारा
सारी शिलाओं की अड़चनों को तोड़ते हुए
बह निकलती है।

मेरा हृदय तुम्हारे संगीत से मिलने के लिए आतुर
रहता है,
परंतु व्यर्थ में ही स्वर के लिए संघर्ष करता है।
मेरे स्वर निकलेंगे, परंतु स्वर से
संगीत नहीं निकलता,
और मैं घबराकर रो उठता हूँ।
ओह! मेरे स्वामी, तुमने अपने संगीत
के असीमित जाल में मेरे हृदय को
बंदी बना दिया है।

□

मेरे प्राणों के प्राण

मेरे प्राणों के प्राण, मैं अपनी देह को
पवित्र रखने का सदैव प्रयास करूँगा,
यह जानते हुए कि तुम्हारा सचेत स्पर्श
मेरे सारे अंगों पर है।

मैं असत्य को अपने विचारों से
परे रखने का सदैव प्रयास करूँगा,
यह जानते हुए कि तुम वह सत्य हो,
जिसने मेरे मन में विवेक के प्रकाश को
जाग्रत् किया है।

मैं अपने हृदय से सारे अनिष्ट निकालने का
सदैव प्रयास करूँगा
और अपने प्रेम को पुष्प में रखूँगा,
यह जानते हुए कि तुम्हारा सिंहासन
मेरे हृदय के गुप्त मंदिर में है।

और यह मेरा प्रयत्न होगा कि मेरे कार्यों में
तुम प्रगट हो,
यह जानते हुए कि यह तुम्हारी ही शक्ति है
जो मुझे कार्य करने का सामर्थ्य देती है।

□

एक पल का समय दे दो

एक पल का समय दे दो,
ताकि बैठ सकूँ तुम्हारे पास।
काम तो मुझे कई करने हैं,
परंतु मैं उन्हें कर लूँगा बाद।

तुम्हारी शक्ल नहीं दिखती,
न हृदय को विश्राम मिलता नहीं शांति,
मेरे कार्य सीमा-रहित सागर में
बन जाते असीमित नीरस भाँति।

आज मेरी खिड़की में सूर्य की किरणें
शांत व गुनगुनाती आ पहुँची हैं
फूलों के उपवन में मधुमक्खियाँ
विनोद कर रही प्रभु के गीत गाती हैं,

अब समय आया है
शांति से बैठ तुम्हारे साथ, आमने-सामने,
और इस शांत एवं असीमित विश्राम में
गीत गाएँ जीवन के, समर्पण के।

□

इस छोटे फूल को तोड़कर ले लो

इस छोटे फूल को तोड़कर ले लो,
विलंब न करो!
मुझे भय है कि कहीं यह मुरझाकर
धूल में नहीं गिर जाए।

कहीं यह तुम्हारी माला में नहीं गुँथ पाए,
अपने हाथ से कष्ट करके इसे छूकर आदर करो
और इसे तोड़ लो।

मुझे भय है कि मुझे पता चले,
इसके पहले दिन समाप्त हो जाए
और पूजा का समय निकल जाए।

यद्यपि इसका रंग गहरा नहीं है
और गंध भी मंद है,
परंतु समय होते इसको तोड़ लो
और तुम्हारी सेवा में इसे डाल दो।

□

उसने मेरे संगीत से

उसने मेरे संगीत से अपनी
सजावट को उतार दिया है।
उसको अपने वस्त्र का और अलंकरण
करने का गर्व नहीं है।
आभूषण हमारे संयोग को नष्ट कर देंगे,
वह तुम्हारे और मेरे बीच में आएँगे,
उनकी झंकार तुम्हारे शांत बोल को
डुबो देगी।

तुम्हारी दृष्टि के सामने मुझ कवि का
गर्व लज्जा से मर जाता है।
ओह! सर्वश्रेष्ठ कवि, मैं तो तुम्हारे चरणों में
बैठ गया हूँ।
मुझे केवल अपने जीवन को सादा
और सरल बनाने दो,
एक नरकुल की बाँसुरी की तरह
जिसको तुम अपने ही संगीत से भर देते हो।

□

वह बालक

वह बालक जिसने राजकुमार के वस्त्र
पहन रखे हैं और जिसने गले में रत्न-जड़ित
माला पहन रखी है,
वह अपनी क्रीडा का सारा आनंद
खो देता है;
उसके वस्त्र हर कदम पर बाधा डालते हैं।

इस डर से कि वह घिस जाएँगे या
मिट्टी से मैले हो जाएँगे, वह अपने
आपको संसार से दूर रखता है और
वह हिलने से भी डरता है।

माँ, तुम्हारे द्वारा भव्यता में बाँध के
रखने से कोई लाभ नहीं है, यदि यह
किसी को पृथ्वी की स्वास्थ्यपूर्ण मिट्टी से
अलग रखें, यदि यह किसी को
उसके जनसाधारण के मेले में प्रवेश
करने से वंचित रखे।

□

अपने ही कंधों पर

ओ मूर्ख, अपने ही कंधों पर
ले जाने की कोशिश कर रहे हो!
ओ भिखारी, अपने ही दरवाजे पर
भिक्षा माँग रहे हो!

सारा बोझ उसके हाथों में छोड़ दो
जो इसे सह सकता हो,
और प्रायश्चित्त में पीछे मुड़कर न देखो।

तुम अपनी इच्छानुसार दीपक को एकदम
बुझा देते हो, जिसे अपनी श्वास से छूते हो।
गंदे हाथों से उपहार न लो—यह अपवित्र है।
वहीं स्वीकार करो जो कि
पवित्र प्रेम से दिया गया हो।

□

यहाँ पर तुम्हारा पायदान है

यहाँ पर तुम्हारा पायदान है और
वहाँ पर तुम पैर रखते हो
जहाँ पर निर्धन से निर्धन,
निष्फल और दीन रहते हैं।

जब मैं तुम्हें प्रणाम करने का प्रयास करता हूँ,
मेरा नमन उस गहराई तक नहीं पहुँच पाता
जहाँ पर तुम्हारे पैर निर्धन से
निर्धन, निष्फल और दीन
लोगों के बीच रहते हैं।

जहाँ तुम निर्धन से निर्धन, निष्फल
और दीन लोगों के बीच विनम्र लोगों
के वस्त्रों में चलते हो,
वहाँ अहंकार कभी नहीं पहुँच सकता।

मेरा हृदय वहाँ कभी नहीं पहुँच सकता
जहाँ तुम निर्धन से निर्धन, निष्फल,
और दीन, सहचर रहित
लोगों के साथ रहते हो। □

यह मंत्रोच्चारण

यह मंत्रोच्चारण और गीत
और माला जपना छोड दो!
इस एकांत अँधेरे में सारे द्वार बंद कर तुम
किसकी पूजा कर रहे हो?
अपने नेत्र खोलो और देखो भगवान्
तुम्हारे सामने नहीं है!

वह तो वहाँ है जहाँ पर कृषक
कठोर जमीन पर हल चला रहा है,
और जहाँ पर श्रमिक पत्थर तोड़ रहा है।
वह उनके साथ धूप और वर्षा में है
और उसके वस्त्र मिट्टी से सने हुए हैं।
अपने साधु का आवरण फेंक दो
और उसकी तरह इस मिट्टी भरी
भूमि में आ जाओ!

मुक्ति—मुक्ति कहाँ मिलती है?
हमारे स्वामी ने स्वयं हर्षपूर्वक
सृष्टि के बंधन अपने ऊपर ले लिये हैं,
वह तो हमारे साथ सदा के लिए बँध गए हैं।

मनन से बाहर निकलो और फूलों को
और धूपबत्ती को छोड़ दो!
यदि तुम्हारे कपड़े चिथड़े और गंदे हो जाते हैं,
तो क्या बुराई है?
उससे मिलो और श्रम में उसके
साथ खड़े होओ,
ललाट पर पसीना लिये हुए। □

मेरी यात्रा लंबी है

मेरी यात्रा लंबी है और मुझे यात्रा
करने में समय लगता है।
प्रकाश की पहली किरण में रथ से
बाहर निकल आया,
और कई सितारों और ग्रहों से
अपनी राह छोड़कर बीहड़ संसार
में से अपनी यात्रा अविरल रखी।

यह एक बहुत दूर का रास्ता है जो
तुम्हारे सबसे पास तक आता है,
और अभ्यास भी अति जटिल है
जो कि धुन की चरम सरलता तक ले जाता है।

यात्री को अपने द्वार तक पहुँचने के लिए,
प्रत्येक अन्य द्वार पर दस्तक देनी पड़ती है,
और अंत में उसे आंतरिक मंदिर तक
पहुँचने के लिए कई बाहरी संसार में
भ्रमण करना पड़ता है।

इसके पहले कि मैं नेत्र बंद करता
मेरे नेत्रों ने बहुत दूर और विस्तारपूर्वक
विचरण किया, और कहा 'तुम यहाँ हो!'

मेरा यह प्रश्न और चिल्लाहट
'ओह! कहाँ हो' आँसुओं की सहस्त्र
धाराओं में पिघल गया और
आश्वासनों की बाढ़ में कि 'मैं हूँ न' संसार को
विह्वल कर दिया।

□

मुझे संसार के उत्सव में आने का निमंत्रण

मुझे संसार के उत्सव में आने का निमंत्रण था,
और इस प्रकार मेरा जीवन धन्य हुआ।
मैंने आँखों से देखा है और कानों से सुना है।
इस उत्सव में मेरी भूमिका वीणा बजाने
की थी, और जो कुछ मैं कर सकता था मैंने किया।

अब मैं पूछता हूँ कि अंत में क्या,
जाने का समय आ गया है, जब मैं अंदर
जा सकूँ और तुम्हारा आनन देख लूँ
और तुम्हें मैं चुपचाप प्रणाम कर सकूँ।

□

मैं जो गाना गाने आया

मैं जो गाना गाने आया था वह आज
तक नहीं गा सका।
मैंने वाद्य में तार लगाने और
खोलने में कई दिन लगा दिए।
ताल सही नहीं बैठ रही है और
सुर ठीक से व्यवस्थित नहीं हो रहे
केवल मेरे हृदय में आशा की वेदना है।

कली नहीं खिली है केवल पवन
सिसकती चल रही है।
न तो मैंने उनका मुख देखा है
न ही मैंने उनके स्वर सुने हैं,
मैंने तो केवल अपने मकान के सामने
के मार्ग पर से उनके मंद पदचाप सुने हैं।

सारा दिन फर्श पर उनके लिए
आसन बिछाने में व्यतीत हो गया,

परंतु दीपक भी नहीं जला है,
और मैं उनको अपने गृह में
आने को नहीं कह सकता।
मैं उनसे मिलने की आशा में जी रहा हूँ,
परंतु यह मिलन अभी तक हुआ नहीं है।

□

मेरी इच्छाएँ कई हैं

मेरी इच्छाएँ अनेक हैं और मेरी वेदना दयनीय है,
परंतु उनसे मुझे वंचित कर
तुमने मेरी विपदा से रक्षा की
और एक दृढ़ कृपा मेरे जीवन
में पूर्णतया सुघटित कर दी है।

मुझे अत्यधिक इच्छाओं के संकट से बचाते हुए,
तुम मुझे दिन–प्रतिदिन सरल,
उत्कृष्ट उपहार के योग्य
बना रहे हो, जो तुम मुझे
बिना माँगे देते हो—यह आकाश
और यह प्रकाश, यह देह
और यह जीवन, और यह मस्तिष्क।

कुछ समय होता है जब मैं निस्तेज
घूमता रहता हूँ
और जब मैं उठ जाता हूँ
तो अपने लक्ष्य को ढूँढ़ने की जल्दी करता हूँ,
परंतु तुम जो निठुर होकर
मेरे सामने से हट जाते हो।

दिन–प्रतिदिन तुम मुझे अस्वीकृतों द्वारा,
मेरी अवांछित दुर्बल इच्छाओं
के संकट से रक्षा करते हुए,
मुझे पूर्ण स्वीकार के योग्य बना रहे हो।

□

मैं तो सिर्फ प्रियतम की प्रतीक्षा

मैं तो सिर्फ प्रियतम की प्रतीक्षा कर रहा हूँ
ताकि मैं अंत में अपने आपको उसके
हाथों में दे दूँ। इसी कारण से इतना
विलंब हुआ और इसी कारण से
मैं इस प्रकार की चूक का दोषी हूँ।

वह लोग अपने कानून और संकेत चिह्नों
से दृढ़ता से मुझे बाँधने आते हैं,
परंतु मैं सदैव अपने को बचा लेता हूँ,
क्योंकि मैं तो सिर्फ अपने प्रियतम की
प्रतीक्षा कर रहा हूँ कि अंत में मैं
अपने आपको उसके हाथों में दे दूँ।

सब जन मुझे दोष देते हैं और
मुझे असावधान कहते हैं, मैं संदेह
नहीं करता कि वह दोष लगाने में सही है।

बाजार खत्म हुआ और कार्यरत लोगों
का कार्य पूरा हुआ, जो मुझे व्यर्थ में
बुलाने आए थे वह क्रोध में
वापिस चले गए, मैं तो सिर्फ प्रियतम
की प्रतीक्षा कर रहा हूँ कि अंत में मैं
अपने आपको उसके हाथों में दे दूँ।

□

तुम्हें गीत सुनाने के लिए

तुम्हें गीत सुनाने के लिए मैं यहाँ पर हूँ
इस सभाभवन में मैं एक कोने में बैठा हूँ
तुम्हारे संसार में मुझे कोई कार्य नहीं है,
मेरा व्यर्थ जीवन बिना प्रयोजन के केवल
धुन से बेधुन हो सकता है।

जब अर्द्धरात्रि को अँधेरे मंदिर में
शांत पूजा करने का समय आया है,
मेरे स्वामी, मुझे आदेश दो कि
मैं तुम्हारे सामने गीत गाने को खड़ा होऊँ ।

जब प्रातः की पवन में स्वर्ण वीणा
के स्वर निकलें तो मुझे उपस्थित
रहने का आदेश दें।

□

बादलों के ऊपर बादल

बादलों के ऊपर बादल आ रहे हैं
और अँधेरा हो गया है।
ओह, प्रियतम तुम मुझे बाहर द्वार
पर अकेले क्यों नहीं प्रतीक्षा करने देते?

दोपहर में काम के प्रवाह में व्यस्त क्षणों में
मैं भीड़ के साथ होता हूँ, परंतु इस
अँधेरे के एकांत समय में मैं
सिर्फ तुम्हारी आशा करता हूँ।

यदि तुम मुझे अपना चेहरा नहीं दिखाओगे,
यदि तुम मुझे बिलकुल एक तरफ
छोड़ दोगे, मैं नहीं जानता कि
मैं किस प्रकार वर्षा के लंबे घंटे व्यतीत करूँगा।

मैं आकाश के अँधेरे में दूर-दूर तक
घूरकर देखता रहता हूँ,
और मेरा हृदय बिलख-बिलखकर
अशांत पवन के साथ भटकता रहता है।

□

यदि तुम नहीं बोलोगे

यदि तुम नहीं बोलोगे तो मैं
अपने हृदय में तुम्हारे मौन को
समा लूँगा और सहन करता रहूँगा।
मैं शांत रहूँगा और उस रात्रि की भाँति प्रतीक्षा करूँगा
जो कि तारों को प्रज्वलित कर
और धैर्य से अवनत होकर प्रतीक्षा करती है।

प्रातः अवश्य आएगी, अंधकार
लुप्त हो जाएगा, और तुम्हारे
स्वर आसमान को चीरते हुए स्वर्ण-रूपी
झरनों की तरह बह निकलेंगे।

तब तुम्हारे स्वर मेरे प्रत्येक पक्षी के नीड़ के
संगीत से उड़ान लेंगे
और तुम्हारा सुरीला संगीत मेरे उपवन
के पुष्पों को प्रस्फुटित कर फैल जाएगा।

□

जिस दिन कमल खिले

जिस दिन कमल खिले, हाय!
मेरा मस्तिष्क कहीं विचरण कर रहा था,
और मुझे इसका ज्ञान ही नहीं हुआ।
मेरी टोकरी रिक्त थी और मेरे
फूल असावधानी से पड़े रहे।

केवल अब समय-समय पर
मैं उदास हो जाता हूँ, और
स्वप्न से उठा हूँ और दक्षिणी
हवा से मधुर सूक्ष्म अनूठी सुगंध
अनुभव कर रहा हूँ।

उस धुँधली मधुरता से मेरा हृदय उत्कंठा से
पीड़ित हो उठा और मुझे ऐसा लगा
कि ग्रीष्म ऋतु में उत्सुक श्वास अपनी पूर्णता पाने
के लिए व्यग्र हो रही थी।

मुझे पता नहीं था कि यह
इतने समीप थी, यह कि यह मेरी थी
और यह पूर्ण मधुरता मेरे अपने हृदय
की गहराई में खिल उठी थी।

□

मुझे नौका-विहार

मुझे नौका-विहार करना चाहिए।
यह निस्तेज समय तट पर से
गुजर रहा है ओह, मेरी व्यथा!

वसंत ऋतु ने पुष्प खिला दिए और
चली गई। और अब मैं इन विवर्ण
निरर्थक पुष्पों के बोझ में प्रतीक्षा
कर रहा हूँ और समय बिता रहा हूँ।

लहरें कोलाहलपूर्ण हो गई हैं और
तट पर एक छायादार मार्ग पर
पीली पत्तियाँ फड़ फड़ाती हैं और गिर जाती हैं।

किस शून्य को तुम एकाग्रता से
देख रहे हो? क्या तुम उस रोमांच का
अनुभव नहीं कर रहे जो कि
बहुत दूर से गीत के स्वरों से दूसरे तट से
बहती हुई पवन में से गुजर रहा है?

□

वर्षायुक्त जुलाई के गहरे अँधेरे में

वर्षायुक्त जुलाई के गहरे अँधेरे में,
दर्शकों से बचते हुए, तुम गुप्त कदमों से
चलते हो—शांत रात्रि के समान।

आज प्रात: ने पूर्वी पवन की कोलाहल
पूर्ण, आग्रह पूर्ण पुकार की अवेहलना
करते हुए आँखें बंद कर लीं और
हमेशा सचेत नीले आकाश के ऊपर
भारी आवरण डाल दिया है।

वनस्थली ने अपने गीत बंद कर दिए हैं
और प्रत्येक गृह के द्वार बंद हो गए हैं।
इस वीरान पथ पर तुम अकेले पथिक हो।
ओह! मेरे एक मात्र एकाकी मित्र, मेरे
अत्यधिक प्रेमी, मेरे गृह के द्वार
खुले हैं, एक स्वप्न की तरह मत चले जाना।

□

मेरे मित्र इस तूफानी रात में

मेरे मित्र, क्या तुम इस तूफानी रात में
अपने प्रेम की राह में बाहर हो? आकाश
विलाप कर रहा है जैसे कोई निराश हो।

मुझे आज रात को नींद नहीं आ रही है मेरे मित्र,
बार-बार मैं अपना मेरा द्वार खोलता हूँ और
अँधेरे में बाहर देखता हूँ।
मुझे मेरे सामने कुछ नहीं दिखता।
मुझे आश्चर्य है कि मार्ग कहाँ है!

मेरे मित्र, तुम स्याही जैसी काली नदी के
कौन से धुँधले तट पर से, भयानक वन के

बहुत दूर के कौन से छोर से, निराशा
की कौन सी जटिल गहराइयों में से,
मेरे पास चलकर आ रहे हो?

□

यदि दिन ढल गया है

यदि दिन ढल गया है, यदि पक्षी अब
गीत नहीं गा रहे हैं, यदि पवन थक गई है,
तब अँधेरे का भारी आवरण,
मेरे ऊपर डाल देना, जैसा कि तुमने
पृथ्वी को निद्रा की चादर से ढक दिया है,
और संध्या समय कुम्हलाई कमलों
की पंखड़ियों को प्यार से बंद कर दिया है।

उस पथिक, जिसकी रसद का थैला
उसकी यात्रा पूर्व होने से पहले ही रिक्त
हो गया है, जिसके वस्त्र फट गए हैं,
जिसकी शक्ति समाप्त हो गई है,
उसकी लज्जा और दरिद्रता को
दूर कर दो और एक पुष्प की
भाँति, जो कि तुम्हारी कृपालु रात्रि की
छाया में रहता है—एक नया जीवन दे दो।

□

थकान भरी रात्रि में

थकान भरी रात्रि में, बिना संघर्ष किए
तुम पर विश्वास करते हुए
मुझे सो जाना चाहिए।

मुझे मेरी मंद चेतना को
तुम्हारी पूजा की तुच्छ तैयारी
के लिए बाध्य नहीं करना चाहिए।

यह तो तुम ही हो जो कि दिन के थके हुई नेत्रों पर
रात्रि का आवरण डाल देते हो
ताकि प्रातः की सचेत स्वच्छ स्मरणीयता में नेत्र-ज्योति
फिर से चमक उठे।

□

वह आए और मेरे पास बैठ गए

वह आए और मेरे पास बैठ गए
परंतु मैं उठा नहीं।
ओह, मेरा दुर्भाग्य कैसी अभिशप्त नींद थी!
वह आए तब रात्रि ही थी,
उनके हाथ में वीणा थी,
और उसके सुरीलेपन से
मेरे-स्वप्न झंकार उठे।

हाय! मेरी रातें क्यों इस तरह नष्ट हो जाती हैं?
उफ, मैं क्यों उनके दर्शन खो देता हूँ,
जिनकी श्वास मेरी नींद छू जाती है?

□

प्रकाश, ओह! प्रकाश कहाँ है?

प्रकाश, ओह! प्रकाश कहाँ है?
इसको इच्छा की जलती हुई आग से जला दो

दीपक है परंतु लौ की झिल मिलाहट
नहीं है—मेरे प्रिय, क्या यही
तुम्हारा भाग्य है? आह! तुम्हारे लिए
तो इससे मौत कहीं ज्यादा बेहतर होती!

तुम्हारे दरवाजे पर विपत्ति दस्तक दे रही है,
और उसका संदेश है कि तुम्हारे देवता
जाग रहे हैं, और वह तुमको
इस रात के अँधियारे में प्यार के
मिलन के लिए बुला रहे हैं।

आसमान बादलों से छाया हुआ है
और वर्षा निरंतर हो रही है।
मैं नहीं समझ पा रहा हूँ कि मेरे
अंदर क्या उथल-पुथल हो रही है—
मैं इसका अर्थ नहीं समझ पा रहा हूँ।

एक क्षण की बिजली की चमचमाहट
मेरी दृष्टि पर एक गहरी
निराशा का आवरण चढ़ा देती है, और
मेरा हृदय अँधेरे में उस पथ
को ढूँढता है—जहाँ पर तुम्हारा रात्रि
का संगीत मुझे बुलाता है।

प्रकाश, ओह? प्रकाश कहाँ है! इसको
इच्छा की जलती हुई आग से जला दो।
एक बहुत गरजना हो रही है और
शून्य में आँधी चीखती हुई
जा रही है। रात्रि काले पत्थर
की तरह काली है। समय
को अँधेरे में मत गुजरने दो।
तुम प्यार के दीप को अपने जीवन से प्रज्वलित कर दो।

□

मेरे बंधन दुराग्रही हैं

मैं बंधनों से बँधा हूँ, परंतु जब मैं
उन्हें तोड़ने का प्रयत्न करता हूँ,
तो मेरा हृदय दर्द से पीड़ित हो उठता है।

मुझे तो केवल स्वतंत्रता चाहिए, परंतु
इसकी आशा करने में मैं लज्जा
अनुभव करता हूँ।

मैं इस बात से निश्चिंत हूँ
कि तुम में अमूल्य धन है, और
तुम मेरे सबसे उत्तम मित्र हो, परंतु
मुझमें साहस नहीं है कि घर की
टूटी-फूटी भरी वस्तुओं को फेंक दूँ।

वह आवरण जो मुझे ढके हुए है, वह
आवरण गर्द और विनाशकारी है,
मैं इससे घृणा करता हूँ, फिर भी प्यार में इससे
आलिंगन कर लेता हूँ।

मेरे ऋण बहुत अधिक हैं, मेरी असफलताएँ
बहुत हैं, मेरी लज्जा गुप्त और बोझिल है,
फिर भी जब मैं अपनी प्रार्थना लेकर आता हूँ,
मैं भय से काँप उठता हूँ
कि कहीं ऐसा न हो कि मेरी
प्रार्थना स्वीकार हो जाए।*

□

* कवि के भाव देखिए, वह कहते हैं कि मैं अपने भले की याचना के लिए नहीं आना चाहता, क्योंकि मुझे भय है कि वह स्वीकार हो जाएगी। वह तो दूसरों के भले के लिए ही याचना करते रहते हैं।

जिसको मैं अपने नाम के साथ रख रहा हूँ

वह जिसको मैं अपने नाम के साथ
रख रहा हूँ, भूगर्भित कारागार में रो रहा है।
मैं चारों ओर इस दीवार को बनाने में
हमेशा व्यस्त हूँ; और दिन-प्रतिदिन
जैसे यह दीवार आकाश की ओर बढ़ रही है,
इसकी गहरी परछाईं में मेरा
अपना स्वयं ओझल हो रहा है।

मुझे इस महान् दीवार का अभिमान है,
और इस पर मिट्टी और रेत से
प्लास्टर करता हूँ ताकि थोड़ा सा
भी छिद्र इस नाम में नहीं
रह जाए और मैं इसकी जितनी
चिंता करता हूँ, उतना मेरा स्वयं
मुझसे ओझल हो जाता है।

□

बाँधकर रखने का प्रयास किया

उन्होंने हर प्रकार से जो मुझे इस संसार
में प्यार करते हैं बाँधकर रखने का
प्रयास किया। परंतु तुम्हारे प्यार से
तो भिन्न है, जो कि उनके प्यार
से महान् है और तुम मुझे स्वतंत्र रखते हो।

मैं कहीं उनको भूल नहीं जाऊँ, वे लोग मुझे
अकेले छोड़ने का साहस नहीं करते।
परंतु दिन-प्रतिदिन निकल जाते
हैं और तुम नहीं दिखते हो।

यदि मैं तुमको अपनी प्रार्थनाओं में
याद नहीं करता, यदि मैं तुमको
अपने हृदय में नहीं रखता,
फिर भी तुम्हारा प्यार
मेरे प्यार की प्रतीक्षा करता है।

□

अपने पूर्व निश्चित मिलन के लिए

अपने पूर्व निश्चित मिलन के लिए
अपनी राह पर मैं अकेला ही निकला।
परंतु यह कौन जो मूक अँधेरे में
मेरे पीछे आ रहा?
उसकी उपस्थिति से बचने के लिए
मैं एक ओर हटा
परंतु मैं उससे बच नहीं सका।

उसकी गर्वित चाल से,
पृथ्वी से धूल उड़ जाती है,
प्रत्येक शब्द जो मैं बोलता हूँ,
उसमें वह अपनी ऊँची आवाज जोड़ देता है।

भगवन् यह मेरा लघु स्वयं है,
उसे तो लज्जा नहीं है;
परंतु मैं उसके साथ
आपके द्वार आते लज्जित हूँ।

□

वह मेरे घर आए

जब दिन था तब वह मेरे घर आए
और कहा, 'हम यहाँ पर सबसे छोटा कमरा लेंगे।'

उन्होंने कहा, 'हम तुम्हारी तुम्हारे
देवता की पूजा में सहायता करेंगे
और नम्रतापूर्वक उसके प्रसाद में से
केवल अपना अंश ले लेगें''; और
तब वे लोग एक कोने में बैठ
गए—शांत और नम्रतापूर्वक।

परंतु रात के अँधियारे में मैंने
पाया कि वे लोग बलपूर्वक और
उग्रता से मेरे पवित्र मंदिर में
घुस आए और अपवित्र लोभ
से भगवान् को चढ़े प्रसाद को छीन लिया।

□

वह कौन है जो तुम्हें बंदी बना गया

'बंदी, मुझे बताओ, वह कौन है जो तुम्हें
बंदी बना गया है'
बंदी ने कहा, 'वह तो मेरे स्वामी हैं।'
मैंने सोचा था कि इस संसार में प्रत्येक
धनी एवं शक्तिशाली व्यक्ति को मैं
विफल कर दूँगा, और मैंने अपने कोषगृह
में सारा धन, जो कि राजा का था, इकट्ठा
कर लिया। मैं पलंग पर
लेट गया, जो कि मेरे स्वामी के लिए था,
और मुझे नींद आ गई, और जब उठा,
तो मैंने पाया मैं
अपने ही कोषगृह में बंदी हूँ।'

'बंदी, मुझे बताओ, वह कौन है जिसने यह
अटूट जंजीर बनाई?'

बंदी ने कहा, 'यह मैं स्वयं था', जिसने
यह जंजीर अत्यंत सावधानी से बनाई थी।
मैंने सोचा था कि मैं अपनी

अभेद शक्ति से सारे संसार को बंदी
बना लूँगा, जिसमें मैं बिना विघ्न
के स्वतंत्रता से रह सकूँ।
अतः रात-दिन मैंने इस जंजीर पर
विशाल अग्नि के साथ क्रूर कठोर
चोटें मारी हैं। जब अंततोगत्वा काम खत्म
हो गया और कड़ियाँ पूरी और
अटूट बन गईं, मैंने पाया कि इसने
मुझे ही अपनी पकड़ में बाँध लिया है।

□

मेरा इतना लघु बचा रहे

मेरा इतना लघु बचा रहे,
जो कि सब मैं तुम्हारे नाम कर सकूँ।

मेरी इतनी इच्छाएँ बची रहें, जिससे कि
मैं यह अनुभव कर सकूँ कि तुम मेरे हर
तरफ हो, और प्रत्येक वस्तु में तुम्हें पा सकूँ,
और हर क्षण तुमको अपना
प्यार अर्पण कर सकूँ।

मेरा इतना लघु बचा रहे जिससे कि
मैं तुम्हें कभी छिपा नहीं सकूँ।

मेरे इतने लघु बंधन बचे रहे, जिससे
कि मैं तुम्हारी इच्छा से बँधा रहूँ,
और मेरे जीवन के द्वारा तुम्हारा
प्रयोजन पूरा हो सके और
यह बंधन तुम्हारे प्यार का बंधन है।

□

जहाँ कि मन निर्भीक हो

जहाँ कि मन निर्भीक हो और सिर ऊँचा रहे
जहाँ पर कि ज्ञान स्वतंत्र हो
जहाँ पर कि संकीर्ण पारिवारिक
मतभेदों से संसार कई खंडों में टूट नहीं जाए
जहाँ पर कि भाव सच्चाई की
गहराई में से निकलें।

जहाँ पर कि कार्य में सतत लीन व्यक्ति,
निपुणता प्राप्त करने का प्रयत्न करता रहे।

जहाँ पर कि स्पष्ट विचारों की धारा
निर्जीव स्वभाव के नीरस मरुस्थल
की रेत में नहीं खो गई हो;

जहाँ पर कि तुम बुद्धि को आगे सतत
व्यापक विचारों और कार्यों की ओर ले जाते हो,
मेरे परमात्मा, ऐसी रमणीय स्वतंत्रता में,
मेरे देश का उदय हो।

□

तुमसे मेरी यह विनती है

तुमसे मेरी यह विनती है, मेरे स्वामी
प्रहार करिए, मेरे हृदय की घोर
दरिद्रता की जड़ पर प्रहार करिए।

मुझे शक्ति दीजिए कि मैं अपने
आनंद को और व्यथा को
सहज से सह सकूँ।

मुझे शक्ति दीजिए कि सेवा में
मेरा प्यार सफल हो।

मुझे शक्ति दीजिए कि मैं निर्धन को
कभी विलग नहीं करूँ या मेरे घुटने
कभी किसी धृष्ट सामर्थ्य के आगे
नहीं झुकें।

मुझे शक्ति दीजिए कि प्रतिदिन की
तुच्छ वस्तुओं से मेरा मन विचलित नहीं हो।

और मुझे शक्ति दीजिए कि प्रेम
सहित मैं अपनी शक्ति को तुम्हारी
इच्छा के आगे समर्पित कर सकूँ।

□

मेरी शक्ति के अंतिम छोर पर

मैंने सोचा कि मेरी शक्ति के अंतिम
छोर पर मेरी यात्रा समाप्त हो गई,
मेरे सामने की राह बंद हो गई,
खाद्य सामग्री समाप्त हो गई और अब
समय आ गया है कि शांत गुप्त जगह में
शरण ले ली जाए।

परंतु मैं देखता हूँ कि तुम्हारी इच्छा का
मुझमें कोई अंत नहीं है। और जब
अतीत के शब्द मेरी जिह्वा
पर से खो जाते हैं, तब हृदय से नए गीत
स्फुटित हो उठते हैं, और जहाँ पुराने पथ
खो जाते हैं, नया देश अपनी नई प्रतिभा
के साथ दृष्टिगोचर होता है।

□

मैं तुम्हें चाहता हूँ, केवल तुम्हें

मैं तुम्हें चाहता हूँ, केवल तुम्हें—मेरा हृदय
निरंतर इसी बात को दोहराता है।
सारी इच्छाएँ जो रात-दिन मुझे भ्रमित
करती हैं, पूर्ण रूप से मिथ्या और असत्य हैं।

जिस प्रकार रात्रि अपने अँधेरे में प्रकाश
की पुकार को छिपा लेती है, उसी प्रकार
मेरे अचेतन की गहराई में चीत्कार फूट उठता है
कि 'मैं तुम्हें चाहता हूँ केवल तुम्हें।'

जिस प्रकार तूफान अपनी पूरी
शक्ति से शांति का हनन करते हुए
अपना अंत शांति में ही चाहता है,
उसी प्रकार जब मेरा विद्रोह
तुम्हारे प्यार से टकराता है
तब यही पुकार करता है कि
'मैं तम्हें चाहता हूँ केवल तुम्हें।'

□

जबकि हृदय कठोर हो

जबकि हृदय कठोर हो और झुलस गया हो,
तब मेरे ऊपर कृपा की बौछार कर देना।

जब जीवन गौरव विहीन हो गया हो,
तब गीतों के साथ चले आना।

जबकि कोलाहापूर्ण कार्य सब ओर
मुझे अनंत से भी परे बंद कर
शोर मचाता हो, तब मौन के मेरे स्वामी,
अपनी शांति और विश्राम के साथ
मेरे पास आ जाना।

जब मेरा भिखारी हृदय दुबककर
एक कोने में बैठा हो,
तब मेरे सम्राट्, दरवाजा तोड़कर एक और
राजसिक अनुष्ठान के साथ आ जाना।

जबकि इच्छाएँ बुद्धि को मोह
से और गर्द से अंधा कर देती हों,

तब ओह! मेरे सचेत संत पुरुष,
अपने प्रकाश और अपनी गर्जना
के साथ आ जाना!

□

मेरे शुष्क हृदय में वर्षा नहीं हुई

मेरे प्रभु दिन-पर-दिन गुजर गए,
परंतु मेरे शुष्क हृदय में वर्षा नहीं हुई।
क्षितिज प्रचंड रूप से नग्न है, नरम
बादल की पतली सी परत भी उस पर नहीं है,
और न ही कहीं दूर से ठंडी बौछार की
धुँधला संकेत भी है।

यदि तुम्हारी ऐसी ही इच्छा है तो तुम
उग्र तूफान को जो कि मृत्यु के समान
काली हो, भेज दो और जो कड़कती हुई
बिजली की लहरों के साथ आकाश को एक
कोने से दूसरे कोने तक चौंका दे।

परंतु ओह! मेरे स्वामी बुला लो,
फैली हुई शांत ग्रीष्म को वापस बुला लो,
जो कि निश्चल और तीक्ष्ण और
क्रूर है और जो कि हृदय को भीषण
निराशा से जला रही है।

ऊपर से कृपा के बादलों को नीचे झुकने दो,
जिस प्रकार से पिताश्री के क्रोधवाले दिन
माँ संवेदनापूर्ण निगाहों से देखती है।

□

जीवन में शाश्वत की छाप लगा दो

जिस दिन मैं तुम्हारे स्वागत के लिए तत्पर नहीं था,
और मेरे सम्राट् तुमने अजनबी सामान्य जन
की भाँति अ-आमंत्रित मेरे हृदय में प्रवेश कर
मेरे क्षण-भंगुर जीवन में शाश्वत की छाप लगा दी।

और आज जब मैंने संयोग से
उन पर प्रकाश डाला और तुम्हारा प्रतिरूप देखा,
मैंने पाया कि वह मेरे जीवन की बिसरी हुई
तुच्छ दिनों की आनंद एवं व्यथा की
स्मृतियों में घुलकर धूल में बिखरी पड़ी हैं।

तुम मेरी धूल में मूर्खतापूर्ण क्रीड़ा को
तिरस्कृत करते हुए विमुख नहीं हुए,
और जो पदचाप मैंने अपने क्रीड़ा
कक्ष से सुने थे वह आज भी
अंतरिक्ष में गूँज रहे हैं।

□

प्रियतम, तुम अपने को छुपा रहे हो

प्रियतम, तुम उन सबके पीछे खड़े होकर, अँधेरे
में कहाँ अपने को छुपा रहे हो? तुमको धून्य
मानकर वे लोग तुम्हें धूल धूसरित राह,
पर धक्का देते हैं और तुम्हारे सामने से
निकल जाते हैं। मैं यहाँ पर तुम्हारे लिए भेंट
को फैलाकर थका देने वाले घंटों प्रतीक्षा कर
रही हूँ, कई पथिक आते हैं और
एक-एक करके मेरे फूल ले जाते हैं और
मेरी टोकरी प्रायः रिक्त हो गई है।

प्रातः ढल चुकी है, और अपराह्न हो गई है
शाम की छाँव में मेरे नेत्र नींद से निद्रालु
हो गए हैं। पुरुषगण घर जाते
समय मेरी ओर देखते हैं और हँसते हैं
और मैं शर्म में डूब जाती हूँ। मैं एक भिखारिन
की तरह बैठी हूँ, अपने लहँगे को अपने मुँह पर
डाल लेती हूँ, और जब वह पूछते हैं कि मुझे
क्या चाहिए, मैं अपनी पलकें नीचे कर लेती
हूँ और उन्हें जवाब नहीं देती।

ओह! काश, मैं उनको यह कह पाती कि मैं
तुम्हारी प्रतीक्षा कर रही हूँ, और तुमने
आने का वचन दिया था। शर्म के मारे मैं
कैसे कहती कि यह निर्धनता मैंने दहेज
के लिए रखी है। आह! इस गर्व को मैंने अपने
हृदय में गुप्त रूप से छिपाकर रखा है।

मैं घास पर बैठी हूँ और आकाश की ओर निहार
रही हूँ और तुम्हारे अचानक आने के वैभव का स्वप्न देख
रही हूँ—सारे दीपक जल उठे हैं, तम्हारे वाहन पर
स्वर्णिम पताकाएँ लहरा रही हैं और व्यक्तिगण
मार्ग के किनारे दूर-दूर खड़े हैं, और जब वह तुमको
तुम्हारे आसन पर से उतरकर
मुझ एक भिखारी कन्या को धूल से उठाकर,
अपने पास बिठाते देखते हैं तो मैं
गर्व और लज्जा से काँप उठती हूँ,
जैसे कि गरम हवा में एक लता होती है।

परंतु समय गुजरता जाता है और तुम्हारे
रथ के पहियों की कोई आवाज सुनाई नहीं देती।
कई शोभायात्राएँ शोर और कोलाहल करते हुए भव्य
गौरवपूर्ण तरीके से निकल गई हैं।
क्या यह तुम्हीं हो जो कि उन सबके पीछे छाया में शांत
खड़े रहते हो? और मैं केवल प्रतीक्षा करती रहूँगी, अश्रु
बहते रहेंगे और मेरा हृदय व्यर्थ की उत्कंठा में थक जाएगा।

□

हम नौका विहार करें

प्रातः के प्रथम चरण में मंद स्वरों में कहा
कि हम नौका विहार करें,
केवल तुम और मैं
और संसार में किसी को भी हमारी इस
तीर्थयात्रा का पता नहीं चलना चाहिए,
जो कि अज्ञात देश के लिए और अनंत होगी।

उस सीमा–रहित सागर में
तुम्हारी नीरव मुसकान से,
मेरे गीत माधुर्य हो जाएँगे
लहरों के समान स्वतंत्र, शब्दों के बंधन से मुक्त।

क्या अभी समय नहीं आया है?
क्या अभी कार्य करने बाकी हैं?
देखो सागर के तट पर संध्या आ गई है,
और ढलते हुए प्रकाश में समुद्री पक्षी
उड़ते हुए अपने नीड़ की ओर जा रहे हैं।

कौन जाने नाव की जंजीरें कब खुलेंगी,
और नाव सूर्यास्त की अंतिम किरण के समान,
रात्रि में ओझल हो जाएगी?

□

मैं नहीं जानता कितने अतीत

मैं नहीं जानता कितने अतीत समय से
तुम हमेशा मेरे पास आते जा रहे हो।

तुम्हारे सूर्य एवं तारे कभी भी
तुमको सदैव के लिए छिपा नहीं सकते।

कई प्रातः एवं संध्या को तुम्हारे पदचाप सुने हैं और
तुम्हारा दूत मेरे हृदय के अंदर
आया है और अकेले में मुझे बुलाया।

मैं नहीं जानता केवल आज ही क्यों
मेरे जीवन में इतनी उत्तेजना है,
और कंपित आनंद की लहर
हृदय में से गुजर रही है।

ऐसा प्रतीत होता है कि मेरे काम को
समाप्त करने का समय आ गया है
और मुझे वायु में तुम्हारी उपस्थिति
की भीनी-भीनी महक आ रही है।

□

मैंने तो तुमसे कुछ नहीं माँगा

मैंने तो तुमसे कुछ नहीं माँगा, मैंने तो
तुम्हारे कान में अपना नाम भी नहीं बोला!
जब तुम मेरे पास से गए, मैं शांत खड़ा रहा।
मैं तो उस कूप के पास अकेला था, जिस
पर वृक्ष की छाया तिरछी गिर रही थी,
और महिलाएँ अपने भूरे मिट्टी के पात्रों
को पूरा पानी से भरकर घर चली
गई थीं। उन्होंने मुझे आवाज लगाई
और चिल्लाकर बोली, 'हमारे साथ
आ जाओ, प्रातः अब दोपहर में ढल रही है।'
परंतु मैं थोड़ा समय निस्तेज
अनिश्चित चिंतन में खोया घूमता रहा।

जब तुम आए मैंने तुम्हारे पदचाप सुने नहीं
जब तुमने मेरी तरफ देखा तो तुम्हारे नेत्र
उदास थे, जब तुम हलके से बोले तो
तुम्हारी आवाज थकी हुई थी, और कहा,
'ओह मैं एक प्यासा यात्री हूँ।'
मैं अपने खोए हुए

स्वप्नों में से उठा और मेरी सुराही
मे से तुम्हारी जुड़ी हुई
हथेलियों में पानी डाला।

ऊपर पत्तियाँ सरसराहट कर रही थीं, अलक्षित
अँधेरे से कोयल गीत गा रही थी और
सड़क के मोड़ से बाबला पुष्प की
महक आ रही थी।
जब तुमने मेरा नाम पूछा तो मैं
शर्म से निस्तब्ध खड़ा हो गया।
वास्तव में, मैंने तुम्हारे लिए क्या किया है
जो तुम मुझे याद रखो। परंतु यह स्मृति
कि मैं तुमको तुम्हारी प्यास बुझाने के
लिए पानी दे सका, मेरे हृदय से चिपटी
रहेगी और अपनी मधुरता में समेट लेगी।

प्रातः ढल चुकी है,
पंछी थके हुए गा रहे हैं,
ऊपर नीम की पत्तियाँ सरसराहट कर रही हैं
और मैं बैठा हुआ सोचता जा रहा हूँ।

□

तुम्हारी प्रसन्नता मुझमें पूर्ण है

तुम्हारी प्रसन्नता मुझमें पूर्ण है।
इस प्रकार तुम मेरे पास नीचे आ गए हो।
ओह! समस्त स्वर्ग के स्वामी, यदि मैं
नहीं होता तो तुम्हारा प्यार कहाँ होता?

सारी संपत्ति में तुमने मुझको अपना
भागीदार बना लिया है। मेरे हृदय में तुम्हारी
प्रसन्नता का अनंत विनोद है। मेरे जीवन
में तुम्हारी इच्छा सदैव विकसित होती है।

और इसके लिए, तुमने जो कि
सम्राटों के भी सम्राट् हो, शृंगार
से अपने आपको इतना सुंदर
बना लिया है कि मेरे हृदय को बंदी
बना सको। और इसके लिए तुम्हारा
प्यार अपने प्रियतम के प्यार में खो जाता
है, और तुम दो जनों के
संपूर्ण मिलन में दृष्टिगोचर होते हो।

क्या तुम्हारी प्रसन्नता इसी में है

मेरे देवता मेरे जीवन के छलकते हुए रस में से,
तुम्हें कौन सा दिव्य रस चाहिए?

मेरे कवि, क्या तुम्हारी प्रसन्नता इसी में है
कि मेरी दृष्टि के माध्यम से तुम
अपनी रचना को देखो,
एवं मेरे कान के द्वार के पास
खड़े होकर शांति से स्वयं के शाश्वत
सुखमय संगीत को सुनो?

तुम्हारा संसार मेरे मस्तिष्क में
स्वर सँजो रहा है, एवं
तुम्हारा हर्ष उसमें
संगीत जोड़ रहा है।

तुम प्रेम में स्वयं अपने
को मुझे दे देते हो,
और फिर अपना सारा माधुर्य
मुझ में अनुभव करते हो।

□

सूर्य की किरणें अपनी बाँहों को

सूर्य की किरणें अपनी बाँहों को फैलाती
हुई मेरी पृथ्वी पर आ जाती हैं
एवं मेरे द्वार पर सारा दिन रहती हैं,
तुम्हारे चरणों तक मेरे अश्रुओं, आहें
एवं संगीत से बने मेघ को
वापस ले जाने हेतु।

अत्यधिक आत्मीय हर्ष के साथ
तुम अपने तारांकित वक्षस्थल
को, उस धुँधले मेघ से
ढक लेते हो, जिसे असंख्य आकृतियों
एवं परतों में बदलते हो,
एवं जिसे निरंतर परिवर्तित सुंदर
रंगों से रँग देते हो।

यह इतना हलका एवं इतना द्रुतगामी,
कोमल एवं अश्रुपूर्ण एवं घना है,
जिसके कारण तुम इसे प्यार करते हो,
ओह! तुम जो इतने स्वच्छ एवं शांत हो,
और इसी कारण यह तुम्हारे
अत्यधिक सफेद प्रकाश को
अपनी करुणा मय छाया से
ढक लेता है। □

दिन समाप्त हो रहा है

दिन समाप्त हो रहा है, पृथ्वी पर छाया आ रही है।
यह समय है कि मैं अपने घड़े को भरने सरिता पर जाऊँ।

संध्या की पवन, जल की उदासी संगीत से व्यग्र है।
आह! यह मुझे बाहर सांध्य प्रकाश में बुला रही है।
एकांत पथ पर कोई पथिक नहीं है,
आँधी आ रही है,
नदी में लहरें उग्र हो रही हैं।

मैं नहीं जानता कि मैं घर वापस आऊँगा कि नहीं।
मैं नहीं जानता कि मेरा मिलन किस से हो?

छोटी सी नौका में जो कि
नदी के छिछले पानी में है,
एक अपरिचित व्यक्ति अपनी वीणा
बजा रहा है।

□

मेरे विदाई के शब्द

जब मैं यहाँ से जाऊँ तो यह मेरे विदाई के शब्द होंगे,
कि जो मैंने देखा है वह अद्वितीय है।

मैंने इस कमल में से, जो कि
ज्योति के सागर पर फैला है,
गुप्त मधु का रसास्वादन किया है
और इसी से मैं धन्य हूँ—
यही मेरी विदाई के शब्द होंगे।

इस क्रीड़ाकक्ष में जिसके अनेक स्वरूप हैं—
मैं खेला हूँ एवं यहाँ उसके दर्शन
हुए जो कि निराकार है।

मेरा समस्त शरीर एवं मेरे अंग
उसके स्पर्श से, जिसका स्पर्श असाध्य है,
पुलकित हुए, और यदि यहाँ पर अंत आता है,
तो उसे आने दो, यही मेरी विदाई
के शब्द होंगे।

□□□